La fuite de M. Keegan

Winston Churchill

Writat

Cette édition parue en 2024

ISBN : 9789359946290

Publié par
Writat
email : info@writat.com

Contenu

Je ....- 1 -

II ....- 11 -

je

LE vent du nord-est était très frais ce matin-là et poussait vivement la mer devant lui ; mais le *Denver* fonçait sur chacun d'eux à la manière d'un bouledogue, y enfouissait son nez blanc et inondait d'embruns scintillants les crêtes de ceux qui étaient particulièrement bruyants sur son gaillard d'avant. À l'est, le soleil d'octobre commençait tout juste à poindre au-dessus de la mer, tandis qu'au nord s'étendait la grande île montagneuse de Madère, changeant déjà, par la touche magique de la lumière, d'un gris fantôme à ce vert vivant si cher. aux yeux d'un marin. Bientôt, des signes de vie commencèrent à apparaître ; on devinait un village niché dans chacune des vallées qui sillonnaient le flanc de la montagne, tandis que des villas jaunes parsemaient ses pentes boisées. Dans une anse à la base sud, blanche sous le soleil du matin, s'étendait la ville de Funchal, devant laquelle, telle une immense sentinelle, jusqu'aux genoux, se dressait un imposant rocher couronné d'un fort, rappelant un château sur une colline. échiquier.

M. Keegan, maître d'équipage en chef du *Denver*, et son ami Jimmy Legs, [1] le maître d'armes, étaient assis du côté météo du gaillard d'avant, sous la tourelle avant de huit pouces, avec les colliers de leurs les cabans étaient bien remontés jusqu'aux oreilles, prenant une cigarette matinale. M. Keegan avait un sens aigu du beau, et il avait l'habitude, en de telles occasions, de rester assis en silence jusqu'à une heure à la fois. Le maître d'armes, étant un homme d'entre-pont, aimait à regarder la mer se briser sur la proue, bien que cet amusement lui coûtât souvent une mouillage et une pipe de tabac.

[1] Nom donné au maître d'armes à bord du navire.

M. Keegan était un jeune homme aux cheveux roux et aux petits yeux bleus sans expression, et son prénom était Dennis. Il avait un visage rond et plein, anormalement d'un côté à cause du gros morceau de bouchon bleu marine qui le distendait invariablement. J'ai dit qu'il était maître d'équipage en chef du *Denver*, parce qu'il était si connu dans le département et qu'il touchait sa solde en tant que tel. Mais, en réalité, le statut de M. Keegan et l'étendue de son influence à bord de ce navire seraient aussi difficiles à définir que les devoirs du capitaine énoncés dans les nouveaux règlements. Son ami le maître d'armes le consultait sur toutes les affaires importantes ; les officiers subalternes du navire n'interféraient jamais avec ce qu'il pouvait faire ; et les aînés faisaient preuve d'une déférence inhabituelle envers ses opinions.

À mesure que le *Denver* passait de plus en plus sous le vent de la terre, les crêtes blanches se transformaient en houles latérales et le vent ne se faisait plus sentir. À bord, on se préparait activement à venir jeter l'ancre, mais avec cette absence notable de bruit et d'agitation qui est si caractéristique d'un navire de guerre moderne . Les équipages des bateaux débarrassaient leurs bateaux pour le hisser, les saisines étaient retirées des passerelles et les bômes étaient prêtes à être larguées avec l'ancre. Le maître d'armes secoua les cendres de sa pipe et rompit le silence.

«Je déteste voir ce jeune homme partir, Dennis», dit-il.

M. Keegan comprit évidemment clairement à qui faisait allusion le jeune homme dans ce regret quelque peu indéfini, car il répondit :

« C'est le meilleur jeune homme de la marine, Chimmy ; vous pouvez laisser ça de côté.

" J'entends le navigateur dire, " continua le maître d'armes, " il n'y a aucun doute sur ce qu'il recevra de ses ordres pour rentrer chez lui lorsque nous frapperons ici. "

M. Keegan est tombé dans la mémoire.

« Il y a deux croisières de cadets que j'ai faites avec lui – lui et M. Morgan – et des croisières sauvages également. Il n'y a pas grand-chose que je ne ferais pas pour ces deux jeunes hommes ; ils sont identiques, et puis ils ne le sont pas. Mais avant que M. Keegan puisse expliquer cette apparente contradiction, il fut invité à rassembler tout le monde pour le petit-déjeuner. Il observa les hommes d'un air pensif tandis qu'ils défilaient en bas.

« Cela vous dérange-t-il cette jeune dame anglaise avec laquelle M. Pennington fréquentait quand nous étions ici auparavant, Chimmy, au printemps ?

Le maître d'armes s'en souvenait bien.

"Remarquez mes mots, Chimmy", a déclaré M. Keegan d'une manière impressionnante, alors qu'il descendait par l'écoutille, "il la ramènera chez lui avec lui."

Or, le maître d'armes était enclin à en douter. C'était un ami personnel de la dame qui faisait la cuisine dans la villa où vivait la jeune femme, et la dame lui avait beaucoup parlé de l'affaire en question. Comment M. Pennington et M. Morgan avaient l'habitude de se rendre à la villa presque tous les soirs, et comment M. Morgan parlait au père de la jeune femme sur la véranda, tandis que M. Pennington et la jeune femme passaient leur temps dans le jardin. en dessous ou dans la maison d'été ; et enfin, environ un jour avant le départ du navire, comment M. Pennington avait posé une question à son père (dont la dame ne pouvait que conjecturer), puis avait quitté la villa en toute hâte. Elle avait entendu depuis le père de la jeune femme s'exprimer au sujet des officiers de marine, contre lesquels il semblait avoir particulièrement des préjugés. Tout cela, le maître d'armes l'avait alors confié à M. Keegan ; mais néanmoins, M. Keegan avait prédit des problèmes.

« Il ne va pas se démener pour la bénédiction du vieux », avait dit ce digne avec mépris ; « Pas si je connais M. Pennington, ce n'est pas le cas. Il reviendra la chercher dès qu'il en aura l'occasion. À cette époque, les gens du *Denver* ne s'attendaient pas à ce que le navire reçoive l'ordre de retourner à Madère.

L'après-midi, M. Keegan et le maître d'armes débarquèrent à bord d'un bateau de surf. Ils étaient tous deux assis à l'arrière, et les boutons de leurs nouveaux vêtements de rassemblement brillaient comme des objets brillants. M. Keegan était plus que d'habitude silencieux et préoccupé, et quand ils arrivèrent au quai, au lieu d'avoir sa dispute habituelle avec le batelier sur le prix du billet, M. Keegan lui donna un dollar, au grand étonnement et à l'indignation de son côté. partenaire, le maître d'armes. M. Keegan ne prêta aucune attention aux protestations de son ami, mais gravit les marches de pierre et remonta la rue principale jusqu'à la Plaza, où il se tourna vers un marchand de vin et s'assit à l'une des tables.

« Nous ne buvons pas aujourd'hui, espèce de Dago », dit-il en réponse à la question souriante du propriétaire. « Porto des cigarettes ! » Après avoir ainsi diffusé son portugais et obtenu les articles désirés, M. Keegan sortit de sa poche un rouleau de billets qu'il venait de recevoir du payeur, et commença à les compter soigneusement.

« Voilà, Chimmy, » remarqua-t-il en roulant son tabac d'une joue à l'autre, tout en posant le tas sur la table ; « Je ne suis pas rassasié cette fois, et toi non plus ; De plus, je ne prête d'argent à aucun des intimidateurs. Mais si ces soixante-treize dollars peuvent aider M. Pennington à amener cette jeune dame anglaise là-bas et à l'emmener dans le paquet ce soir, il est le bienvenu ; c'est tout." Ce fut un très long discours de la part de M. Keegan.

"Est-ce qu'il va essayer, Dennis?" » demanda le maître d'armes, incrédule.

"Est-ce qu'il va l'essayer?" » répéta M. Keegan avec aigreur. "Tu n'as pas honte, qu'est-ce que ça fait trois ans avec lui, pour cette remarque ?"

Le maître d'armes tirait en silence sur sa cigarette et ressentait visiblement la force de la réprimande.

"Oui, Chimmy," continua M. Keegan d'un ton plus doux, "il va l'essayer;" puis il ajouta d'un air très secret : « Il nous laisse, à vous et à moi, une bonne partie des détails.

Sur quoi il exposa un plan au maître d'armes, qui ne put s'empêcher de s'étonner de sa sagesse et de son intégralité. Il semblerait presque que M. Keegan ait procédé à une fugue similaire pour son propre compte. Les capacités de locution de M. Keegan n'étaient pas grandes, mais il avait un talent remarquable pour transmettre ce qu'il voulait dire, d'autant plus remarquable que son visage était absolument dépourvu d'expression et qu'il n'utilisait jamais aucun geste. Peut-être l'un des secrets de sa capacité à s'exprimer résidait-il dans le fait qu'il alternait dans ses méthodes d'explication, tantôt faisant honte à ses auditeurs de leur stupidité, tantôt laissant de côté une conclusion palpable, afin qu'ils puissent s'attribuer le mérite d'une perception inhabituelle. . En tout cas, il n'a jamais dit plus que ce qu'il fallait.

« Maintenant, conclut-il après être entré dans les moindres détails, vous avez reçu vos ordres de navigation, Chimmy. Demandez à votre amie, la senhora, de dire à la jeune femme ce que je vous ai dit. Nous ne pouvons pas emporter de grosses malles, rien d'autre qu'un petit kit. Je vais m'assurer d'avoir un bateau et un pilote aérien, et je serai là à deux cloches.

Le maître d'armes sortit sur la place et loua une *bulle-carta* . Une bulle-carta est en réalité un traîneau couvert, muni de rideaux et tiré par deux bœufs. Pour la bonne gestion de ces véhicules, selon les idées portugaises, deux hommes sont nécessaires. On avance, pour vérifier d'éventuelles intentions ambitieuses de la part des bœufs, et apparemment on les guide. Les devoirs de l'autre sont plus difficiles à définir : il reçoit la nourriture par hasard et pousse les bœufs avec ces accents plaintifs et gémissants que celui qui a été à Madère ne peut jamais oublier et qui l'inclinent à croire que la langue portugaise est une langue unique. de lamentation. Comme l'a fait remarquer laconiquement M. Keegan, tout se fait « sur patins » à Madère. Les rues de Funchal sont pavées de petits blocs de lave, dressés et polis à un point tel que la marche est dangereuse pour les personnes qui portent les chaussures de la civilisation. C'est pourquoi les propriétaires des bulla-cartas font un commerce florissant avec les étrangers, surtout sur les pentes, où un faux pas est lourd de conséquences non négligeables.

« IL S'EST ASSIS DERRIÈRE LES RIDEAUX DE SA « BULLE-CARTA ». »

C'était à flanc de colline, ou plutôt sur les premières pentes de la montagne, qu'était située la villa où se rendait le maître d'armes. Rares sont ceux qui visitent Madère qui ne font pas cette délicieuse promenade à cheval sur la montagne et ne vivent pas le délire de la côte, sur les pierres polies, dans un traîneau en osier. En montant, le voyageur regarde depuis sa selle, par-dessus les hauts murs jaunes de chaque côté, des jardins accueillants d'une luxuriance tropicale, leurs arbres d'ombrage se cambrant souvent complètement au-dessus de sa tête. Mais le maître d'armes ne se souciait pas de regarder dans les jardins et avait des préjugés de marin contre les chevaux ; il préférait discrètement la bulle-carta. Même le pittoresque cortège de vignerons qu'il rencontrait en descendant la montagne, les peaux en bandoulière, ne l'impressionnait pas plus que s'il s'agissait d'un recrutement de nouveaux ouvriers. Il s'asseyait derrière les rideaux de sa bulle-carta, fumait des cigarettes en papier brun et méditait sur la gravité de sa mission ; et il se demanda si la madame accueillerait favorablement ce projet. Une seule fois, lorsqu'il dut se présenter pour un gros ecclésiastique du couvent d'en haut, il fut réveillé de ces réflexions. Le prêtre descendait à une allure qui aurait défié un tramway, mais était assis dans son traîneau avec autant de sérénité que s'il prononçait une bénédiction, son guide adroitement en équilibre sur les patins qui le suivaient.

"Il est vraiment rapide pour un saint père!" s'écria à haute voix le maître d'armes en soulevant les rideaux pour mieux voir le personnage qui disparaissait ; "Mais Dennis ne l'engage pas pour la cérémonie - vous ne pouvez pas faire confiance à ces Dagos, même pour l'épissage."

Il faisait presque nuit lorsque le maître d'armes reconnut la porte arrière de la villa de M. Inglefield et ordonna au monsieur qui se trouvait à côté de s'arrêter, ce qu'il accomplit avec beaucoup de bruit inutile. Alors le maître d'armes descendit et désigna un point un peu plus haut pour que les hommes l'attendirent. Puis il ouvrit la porte et entra prudemment dans le jardin. Il s'assit sous un bananier pour trouver un moyen d'attirer l'attention de la dame ; car l'heure était inhabituelle pour une visite, et la dame était sans aucun doute occupée à la cuisine. Comme la villa était située sur une partie assez raide de la pente, la maison était considérablement plus haute que le jardin, sa large place étant parmi les cimes des arbres. C'était là une situation difficile ! S'il attendait que la dame ait fini de préparer le dîner, enfile sa robe du soir et descende sous le petit porche où elle reçoit ses visiteurs, tout serait perdu. Compte tenu des sentiments sur sa profession que le propriétaire de la villa avait exprimés à diverses reprises, il était hors de question pour lui de se rendre à la senhora, car il serait sans aucun doute vu par M. Inglefield depuis la véranda. Alors qu'il cherchait vainement un expédient, souhaitant ardemment que M. Keegan ait entrepris cette affaire lui-même, il entendit le bruissement des jupes d'une femme venant sur le chemin. Sa première impulsion fut de grimper à l'arbre, mais après y avoir réfléchi, il décida de rester assis ; il commençait à faire nuit et on ne le verrait peut-être pas là où il se trouvait.

A peine avait-il pris cette décision qu'apparut sur le chemin, juste devant lui, une jeune fille. Elle était grande et blonde, avec cette richesse de couleurs particulière aux femmes anglaises ; et tandis qu'elle se tenait là, dans le crépuscule, se protégeant les yeux de sa main, le maître d'armes était transporté d'admiration. De là où elle se tenait, on pouvait regarder à travers une ouverture dans les arbres, loin dans le port, et il n'avait aucun doute que la fortune l'avait mis sur le chemin de Miss Inglefield elle-même, et qu'elle regardait le *Denver* . Il se leva, ôta sa casquette et toussa légèrement pour attirer son attention. À ce bruit, la jeune fille baissa vivement la main et se tourna vers lui, sans toutefois trahir la moindre alarme ; son attitude était un mélange de surprise et de maîtrise de soi. Le maître d'armes était tout sauf maître de lui-même ; il était au contraire très déconcerté. Miss Inglefield, car c'était elle, attendait qu'il parle ; mais enfin, désespérée, elle parla elle-même :

« Vouliez-vous voir quelqu'un ?

La voix était plus douce que toutes celles que le maître d'armes avait jamais entendues, et ses tons étaient si gentils qu'il prit courage.

"Oui, mademoiselle," répondit-il; "Je suppose que c'est toi que je veux voir."

"Moi?" s'exclama-t-elle, visiblement émerveillée.

"Je viens de *Denver*, mademoiselle", expliqua-t-il.

Le maître d'armes observait attentivement la jeune fille pour voir quel effet cette annonce aurait, mais si sa couleur s'accentuait, il était trop sombre pour le remarquer.

"Vous venez donc de *Denver* et vous souhaitez me voir", répondit-elle. « Si tel est le cas, je pense qu'il serait bon, pour de nombreuses raisons, de se retirer dans la résidence d'été. »

Elle ramassa ses jupes blanches et les conduisit sur un chemin isolé bordé de vignes jusqu'à une petite tonnelle dans un coin du jardin. Le maître d'armes le suivit, non sans appréhension quant à sa capacité à mener à bien une mission aussi délicate que celle qui s'annonçait. L'aisance et la dignité de sa démarche, et la simplicité de son discours, le stupéfiaient complètement ; il s'était attendu à un accueil autre que celui-ci. Lorsqu'ils atteignirent le pavillon d'été, elle lui fit signe vers un banc en osier et s'assit à côté de lui.

«Je pense que nous serons à l'abri d'une interruption ici», dit-elle avec un sourire d'encouragement; puis elle ajouta : « Est-ce que quelqu'un vous a envoyé ?

Même si le maître d'armes trouvait la question un peu étrange, il ne pouvait s'empêcher d'admettre qu'elle était pertinente.

"C'est Dennis Keegan qui m'a envoyé, mademoiselle", répondit-il.

« Dennis Keegan ! Et tu souhaites me voir, tu es sûr ?

Il y avait là une note de déception si évidente que le maître d'armes en fut plus perplexe que jamais. Était-il possible que M. Pennington ne lui ait pas parlé de Dennis ?

"Dennis est l'homme qui agit pour M. Pennington, vous savez, mademoiselle, trieur sous ses ordres."

Mais Miss Inglefield, à sa grande déconfiture, ne semblait pas du tout comprendre la situation.

"Qui es-tu?" » demanda-t-elle avec une pointe d'impatience.

"Je suis le maître d'armes du *Denver*, mademoiselle", répondit-il d'un ton de dignité blessée.

« Mais les ordres dont vous parlez, quels sont-ils ? Je ne comprends pas vraiment."

Quelles étaient les commandes ? D'après diverses choses qu'il avait remarquées dans la conversation et les manières de miss Inglefield, le maître d'armes commença à soupçonner qu'elle n'avait eu aucune indication préalable de la communication qu'il était sur le point de lui communiquer. C'est un point qui n'a pas été abordé par M. Keegan. Il était dans un dilemme. Se retirer maintenant pourrait nuire à l'honneur de M. Pennington et, en outre, rendre les choses extrêmement désagréables pour lui, le maître d'armes. Mais si par hasard M. Keegan avait commis une erreur, continuer entraînerait M. Pennington dans une difficulté dont le maître d'armes n'avait pas encore envisagé la gravité. Mais sa confiance en M. Keegan et la peur de son mécontentement ont finalement prédominé.

« Vous voyez, mademoiselle », commença-t-il, « la raison pour laquelle je suis venu ici, et non Dennis, était la suivante : il se trouve que je connais la Seeora, tout comme la cuisine pour vous, et Dennis, il m'a dit de le dire. ici à la seeora, et la seeora… »

« M. Pennington a-t-il envoyé une note ? Miss Inglefield intervint, désespérée.

"Une note!" » répéta le maître d'armes avec dépréciation ; "Il ne m'a jamais insulté, ni moi ni Dennis, avec une note, mademoiselle."

« S'il vous plaît, continuez donc vite, » dit-elle ; "Je peux être appelé à tout moment."

« Il n'y a rien d'autre à faire que ça, mademoiselle », commença-t-il, sans toutefois se presser : « M. Le temps de Pennington sur le navire est écoulé aujourd'hui, et il a acheté des billets pour *deux* (le maître d'armes trouva la conclusion très heureuse et souligna le chiffre) sur le bateau à vapeur qui part ce soir. Puis il s'adresse à Dennis Keegan, qui a fait de nombreuses croisières avec lui dans sa jeunesse, et dans de nombreux endroits difficiles également, et il lui dit : « Keegan, il y a une jeune femme qui habite ici sur la colline derrière Funchal... » « Qu'est-ce que vous aimeriez emporter avec vous ce soir, M. Pennington », ajoute Dennis, « mais il y a encore certaines raisons pour lesquelles vous montez la chercher vous-même. » M. Pennington parut plus surpris, mais, Seigneur ! mademoiselle, il devrait savoir qu'il ne se passe pas grand-chose sur ce que Dennis ne sait pas. «Eh bien, monsieur», poursuivit Dennis sans lui donner le temps de parler, «tout ce que vous avez à faire est de laisser cette affaire entre moi et Chimmy» - c'est moi, mademoiselle, - «et si c'est là, jeune dame Je ne suis pas prêt à vous accompagner à l'heure que vous dites, ce ne sera pas de notre faute, monsieur.

Le maître d'armes s'arrêta et essuya la sueur de son visage avec son mouchoir rouge, tout en observant Miss Inglefield avec inquiétude. Elle était restée assise tranquillement pendant ce récit, mais il pouvait voir qu'elle était maintenant agitée par sa respiration, qui allait et venait rapidement, et sa confiance dans le jugement de M. Keegan redoubla. De toute évidence, si la jeune femme en question était aussi amoureuse que ces symptômes le laissaient croire, la ligne de conduite qu'il suivait était des plus justifiables. Le maître d'armes avait toujours considéré qu'un peu de tergiversation pour le bien ne faisait pas de mal. Il y avait, apparemment, une véritable lutte mentale au sein de Miss Inglefield. Une ou deux fois, elle parut sur le point de parler, puis de changer d'avis. C'est à ce moment-là qu'une voix masculine chaleureuse se fit entendre appelant haut et fort depuis le jardin au-dessus : -

«Éléonore!»

Miss Inglefield se leva.

« J'arrive, papa, » répondit-elle ; mais, au grand étonnement du maître d'armes, elle ne trahit pas la moindre alarme. Elle marcha lentement vers la marche, la tête penchée vers le bas, pensive ; puis elle se redressa brusquement de toute la hauteur de sa silhouette imposante et lui fit face.

« À quelle heure M. Pennington sera-t-il là ? » a-t-elle demandé.

« À onze heures et demie, à la porte arrière, mademoiselle », répondit-il, doutant d'avoir bien entendu.

« Dites-lui que je serai prête », dit-elle ; et avant qu'il ait pu répondre, elle avait disparu parmi les vignes.

Le maître d'armes resta un moment à la surveiller, puis sortit du jardin en surveillant attentivement M. Inglefield. Il trouva sa bulle-carta, après quelques peines, devant un cabaret égaré, construit dans le mur, et dans lequel il se précipita à la recherche de son Jéhus. Il est douteux que l'un ou l'autre d'eux ait compris les invectives maritimes choisies qu'il leur adressait impartialement pour s'être cachés ; mais ils lui firent monter dans le véhicule avec une urbanité apaisante et se dirigèrent vers le couvent au-dessus, parfaitement inconscients des murmures occasionnels venant de l'intérieur.

À son arrivée au couvent, le maître d'armes entreprit, en utilisant judicieusement les fonds de M. Keegan, de prendre des dispositions avec les propriétaires de traîneaux, selon lesquels chaque traîneau devait être prêt à descendre à onze heures. Il leur fit comprendre qu'un grand groupe de messieurs de sa connaissance souhaitaient faire la descente au clair de lune. Chacun promit que cela se passerait comme le souhaitait le seigneur, même si chacun avait ses doutes personnels quant au clair de lune. Ceci fait, le maître d'armes descendit à Funchal, où il trouva M. Keegan qui l'attendait dans le cabaret, occupé à rendre la vie insupportable aux occupants portugais. A l'entrée du maître d'armes, il cessa brusquement de ce passe-temps et l'entraîna dans un coin.

"Eh bien, Chimmy, est-ce que c'est parti ?" Il a demandé.

Le maître d'armes le regarda d'une manière qui signifiait clairement son approbation à l'égard d'un tel archi-diplomate, puis se lança dans une description élogieuse de sa part dans la transaction, entrecoupée de fréquents reproches de ne pas l'avoir informé à l'avance de la véritable situation. des affaires. M. Keegan a écouté avec une satisfaction évidente.

"Elle ne va pas prendre de malles, n'est-ce pas ?" » s'enquit-il avec une certaine appréhension.

Le maître d'armes avoua qu'il avait oublié de prévenir la jeune dame sur ce point.

"Les femmes, Chimmy", dit M. Keegan avec profondeur, "ne laisseront jamais derrière elles un gréement de rechange si elles ne sont pas faites pour le faire."

II

LE JEUNE enseigne Pennington était allongé sur le salon du fumoir du Burroughs's Hotel, à Funchal, dans un état d'esprit tout sauf heureux. Sa valise de voyage était à ses pieds, et ses malles étaient à bord du paquebot qui devait partir cette nuit-là pour l'Angleterre. L'autre occupant de la pièce, son ami et camarade de classe Morgan, avait adopté une position absurdement inconfortable sur la table, qu'il préférait toujours à une chaise, et c'était lui qui parlait le plus.

Peut-être que rien ne pourrait mieux montrer la différence entre les tempéraments de Pennington et de Morgan que leurs attitudes actuelles. Sous une apparente langueur et une apparente indifférence à l'égard de ses propres affaires et de celles des autres, Pennington cachait des qualités qui faisaient de lui, aussi jeune soit-il, l'un des officiers les plus efficaces du service. Morgan, en revanche, avait un besoin continu d'excitation, qui se trahissait dans chaque action. Maintenant, il se balançait nerveusement d'un coude à l'autre, tandis que Pennington n'avait pas changé de position depuis qu'il avait allumé son cigare. Leurs personnages s'articulaient avec une telle finesse que peu d'amitiés plus étroites se sont nouées que celles qui existaient entre eux. L'impétuosité de Morgan était contrebalancée par l'inertie de Pennington, sa franchise par la réserve de Pennington, tandis qu'ils possédaient en commun certaines qualités, invariablement trouvées chez un vrai marin, qui servaient à cimenter le lien. Mais c'était Pennington qui exerçait cette influence, et c'était la seule influence qu'on ait jamais connue pour affecter Morgan. Leurs noms étaient devenus associés à l'académie navale, où Morgan avait été nommé membre de l'équipage, dont Pennington avait été capitaine, et depuis lors, ils n'avaient été que peu séparés. Cela avait été leur singulière chance – car l'écart entre leurs positions avait été grande – de faire ensemble la croisière de deux ans en tant qu'aspirants, et en tant qu'enseignes, ils avaient tous deux reçu l'ordre de se rendre sur le *Denver*. Maintenant, semble-t-il, le moment était venu d'une longue séparation, et chacun ressentait ce que seuls peuvent ressentir les jeunes gens qui ont passé la meilleure partie de leur vie dans de telles circonstances, et ils avaient du mal à comprendre qu'il pourrait s'écouler de nombreuses années avant ils se rencontreraient. Mais peu à peu, Morgan aborda un sujet qui était au premier plan dans son esprit ainsi que dans celui de Pennington. On avait toujours dit de Morgan que les problèmes de ses amis l'inquiétaient plus que les siens, et peut-être que les chances que ces problèmes particuliers offraient pour quelque chose de dangereux l'attiraient particulièrement. Enfin il interrompit, avec la brusquerie caractéristique :

"Bien sûr, cela ne me regarde pas, Jack, mais quand je vous vois partir ainsi sans voir Miss Inglefield, sans même lui écrire un mot, malgré le fait qu'il y a cinq mois vous vouliez vous marier. elle, je ne peux m'empêcher de dire quelque chose, car cela ne te ressemble pas beaucoup. Je te dis quoi, Jack, tu voyageras peut-être un peu, mais il te faudra un temps diabolique avant de rencontrer une autre fille comme elle.

Morgan fit une pause, incertain quel serait l'effet de ce discours ; car, outre le fait qu'il avait demandé sa fille à M. Inglefield et qu'il avait été refusé, Pennington ne lui avait rien dit de l'affaire. Maintenant, il souriait seulement un peu avec lassitude.

« Cela ne sert à rien, Hollandais, » dit-il du ton de patience affectueuse qu'il employait souvent avec son ami ; "Tout cela est passé maintenant."

« Grâce à votre foutu et déplacé principe ! » Morgan a continué un peu chaleureusement. « La renoncer pour une petite chose comme le refus de son père ! Vous saviez peut-être ce qu'il aurait dit avant de lui demander ; J'aurais pu te le dire. Si je tenais autant à cette fille que toi, Jack, et qu'elle tenait autant à moi que je sais qu'elle le fait à toi, je la ramènerais chez moi malgré tous les Anglais à Madère.

« Ne dites pas de bêtises, Hollandais, dit Pennington en allumant un autre cigare ; mais Morgan remarqua que sa main tremblait un peu lorsqu'il la tenait, et cela l'encouragea.

« Ce n'est pas comme si vous étiez comme moi et n'aviez que votre salaire », remontra-t-il ; « ou ce n'est pas comme si vous vouliez seulement toucher le fond de votre propre vie, » continua-t-il, lançant les arguments au fur et à mesure qu'ils lui venaient. « Et peut-être pensez-vous que je ne sais pas ce qui vous arrive depuis que nous sommes partis d'ici au printemps ; mais c'est le cas, et j'appelle le retour ici le destin.

« Il me semble que le ministère a eu une part assez importante dans cela », répondit Pennington sans enthousiasme. « Mais ne nous en soucions pas, Hollandais », ajouta-t-il, un peu comme il avait l'habitude de calmer son ami autrefois, lorsqu'ils étaient aspirants ensemble. Cela semblait être son rôle de réconforter, peu importe à qui venait le problème. Mais maintenant, Morgan ne serait pas réconforté. Il glissa de la table et se dirigea vers le salon à côté de Pennington.

« Jack, » commença-t-il avec un sérieux qui surprit même Pennington, qui était habitué à ses habitudes, « tu as parfaitement le droit de gâcher ta propre vie si tu le souhaites, même si bon nombre d'entre nous détesteraient te voir le faire. il; cependant, c'est votre affaire ; mais tu n'as pas le droit de gâcher sa vie. J'ai vu plus de femmes que vous, et il y en a qui se remettent de ce genre de choses. Elle ne le fera jamais.

Pennington resta silencieux. Une fête descendait sous la véranda en chantant le refrain d'une chaleureuse mélodie anglaise. Ils s'assirent immédiatement devant les fenêtres du fumoir et allumèrent leurs pipes.

« C'était une fille si joyeuse, dit l'un d'eux en réponse à une remarque inaudible, mais elle ne va plus nulle part maintenant. »

Pennington et Morgan écoutaient sans but, sans bien savoir pourquoi. Morgan s'irrita de l'interruption, qui arrivait à un tournant si sérieux de leur conversation, et cela semblait bannir son dernier espoir d'influencer son ami. Les lumières du fumoir étaient faibles et les larges épaules quadrillées de l'orateur, qui avait le dos tourné, étaient poussées vers la fenêtre, les coudes appuyés sur le rebord. Sa casquette Oxford était inclinée avec désinvolture d'un côté de sa tête, et une pipe, comme pour compléter l'équilibre, dépassait de l'autre. Le sujet ainsi évoqué parut intéressant à toute la société, car ceux qui fredonnaient encore l'air s'arrêtèrent pour se joindre à la conversation. Il était évident qu'il s'agissait d'une personne.

« Si elle avait été avec nous ce soir, nous n'aurions pas connu une période aussi lente, dit un autre.

Il y a eu un accord unanime sur ce point.

« Je me demande quelle est la raison de tout cela ? il a continué.

"Ils disent que c'est un type de la marine américaine", proposa un autre, "qui était ici le printemps dernier..."

Mais Pennington n'a pas attendu d'en savoir plus. Il s'était levé et sa prise sur le bras de Morgan était comme celle d'un étau.

« Sortons de là, Néerlandais », dit-il.

Morgan le suivit hors de la pièce. Pennington marchait dans les couloirs à un rythme qu'il avait du mal à suivre, ainsi que dans le bureau, où M. Burroughs, le propriétaire, lisait le *London Times* de la semaine précédente. Il les regarda avec l'air d'un homme qui a depuis longtemps cessé de tenter de rendre compte des particularités américaines, puis il reprit sa lecture. A l'entrée de l'hôtel, Pennington se heurta à un homme qui sortait de l'obscurité ; la force de l'impact et le coup violent de la valise de voyage contre les genoux auraient suffi à assommer un commun mortel.

Mais M. Keegan n'était pas un mortel ordinaire. Il renonça aux excuses de Pennington, le salua, puis fourra ses mains dans ses poches avec sa nonchalance habituelle. Pennington et Morgan le regardèrent avec surprise et attendirent qu'il parle. M. Keegan roulait son tabac d'une joue à l'autre et les examinait avec délibération.

« Vous êtes exactement le gentleman que je recherche, M. Pennington, » dit-il enfin ; "Mais je ne m'attendais pas à vous présenter à nouveau si tôt." C'était littéral, au moins.

— Moi non plus, Keegan, à vrai dire, répondit Pennington en souriant malgré lui en ramassant la valise de voyage. "J'étais désolé que vous n'étiez pas à bord lorsque j'ai quitté le navire", a-t-il ajouté, "car je voulais vous voir avant de partir."

M. Keegan a évidemment trouvé ce discours superficiel, car il n'y a prêté aucune attention.

« Je suis venu ici pour vous rappeler quelque chose que vous avez dû oublier, monsieur. Avez-vous toutes vos affaires à bord, M. Pennington ? Il a demandé.

Pennington était perplexe. M. Keegan n'avait pas l'air d'avoir bu ; mais Pennington se souvint alors que l'apparence de M. Keegan n'avait jamais été sensiblement altérée dans de telles circonstances. Il l'avait vu plus d'une fois en état d'ébriété.

«Je ne me souviens pas avoir oublié quoi que ce soit, Keegan», répondit-il. "J'ai envoyé tous mes bagages cet après-midi."

"Et vos billets, monsieur?"

Pennington aurait été mécontent de ce catéchisme de la part de n'importe quel autre officier marinier, mais de la part de M. Keegan, cela ne semblait pas être une impertinence. Il a toujours été intéressé par son bien-être.

"L'agent devait avoir mon billet pour moi à dix heures, Keegan", a déclaré Pennington. "Pourquoi?"

« Rien, monsieur », dit M. Keegan avec une admirable insouciance, « sauf que le maître d'armes et moi connaissons une certaine dame qui aimerait vous accompagner, monsieur, si vous vouliez l'emmener.

Pennington avait l'air déconcerté ; mais Morgan, qui avait écouté avec un étonnement croissant, comprit aussitôt le sens de cette nouvelle. Il saisit la main de M. Keegan avec enthousiasme.

« Dites-lui que M. Pennington l'emmènera, Keegan ; bien sûr qu'il le fera.

"Tais-toi, Morgane!" dit Pennington en commençant à arpenter la pièce, tandis que M. Keegan cracha modestement dans un vase à fleurs commode et attendait. Finalement, Pennington lui fit brusquement face.

« Qui t'a dit ça, Keegan ? »

« La dame elle-même a dit… »

"Quelle dame?"

« Miss Inglefield », dit M. Keegan, nullement déconcerté.

"Bien?"

« La dame elle-même l'a dit au maître d'armes, monsieur. Il est allé ce soir chez le viller voir la voyante qui fait la cuisine là-bas, et il a croisé la jeune dame elle-même pendant qu'elle prenait l'air dans le jardin.

Pennington reprit sa marche. Il doit y avoir une erreur – *elle* n'aurait certainement pas pu suggérer une telle chose. Tel est le poids des préjugés et telle est la coutume inébranlable qui, même au XIXe siècle des Lumières, empêche une femme de dire ce qu'elle pense, que la déclaration de M. Keegan a été dépouillée de toute vérité probable par l'idée que la proposition venait de Miss Inglefield. Pennington n'arrivait pas à y croire.

« Qu'a dit Miss Inglefield au maître d'armes, Keegan ? » demanda-t-il une dernière fois.

"Elle a dit que tout ce que vous aviez à faire était de venir par la porte arrière à onze heures et demie, monsieur, et elle serait prête", a répondu M. Keegan sans hésitation.

À ce moment-là, la patience de Morgan était épuisée.

« Ne sois pas idiot, Jack, » dit-il. « Ne vois-tu pas que tu as tout ce que tu peux faire maintenant pour arriver là-haut à onze heures et demie ? La fille a deux fois plus de sable que toi.

« Si vous ne commencez pas maintenant, monsieur, intervint M. Keegan, cela ne sert à rien d'y aller. »

« Keegan, » dit Pennington, — et le sang-froid de son discours et la maîtrise de sa voix frappèrent les deux autres tandis qu'il parlait, — « Je te connais depuis près de neuf ans maintenant, et tu es l'un des meilleurs amis que j'aie. jamais eu. Vous m'avez sorti de deux ou trois situations difficiles quand j'étais plus jeune, ce que je ne suis pas près d'oublier. Durant ces neuf années, vous ne m'avez jamais trompé, et je ne vous en crois pas capable ; mais d'après ce que je sais de Miss Inglefield, je pense qu'il est plus que probable que le maître d'armes l'ait mal comprise. Je tiens quand même à vous remercier pour cela. Puis, se tournant vers Morgan, il poursuivit : « Ne voyez-vous pas,

Hollandais, même s'il n'y avait pas d'erreur, combien il serait impossible de faire ce que Keegan propose ce soir ? Bien sûr, j'attendrai le prochain bateau à vapeur maintenant. Mais il y a certaines choses auxquelles il faut penser, toutes très nécessaires à leur manière, et très difficiles à obtenir en deux heures et demie.

"M. Pennington, dit gravement M. Keegan, si Chimmy a commis une erreur à ce sujet, alors je suis prêt à m'enrôler dans le corps des marines demain. C'était plus catégorique que n'importe quel serment auquel M. Keegan pouvait penser. Puis il conclut, avec une finalité qui réduisait à néant toute hésitation : « Il n'y aura pas de problème avec un pilote aérien ; il y en a un sur le bateau sur lequel vous partez qui dit qu'il va arranger les choses et qu'il restera silencieux jusqu'à ce qu'il le fasse. Et à propos de détails, il n'y en a aucun que vous puissiez mentionner qui ne soit pas réglé, monsieur.

Sur quoi Morgan ramassa la valise de voyage et sortit, suivi de M. Keegan et de Pennington, ce dernier dans un état d'esprit difficile à décrire, et qui n'était pas du tout à la portée de la compréhension ni de Morgan ni de M. Keegan. M. Keegan avait élevé trois chevaux, dont il montait lui-même un, tandis que Morgan en montait un autre, et Pennington montait mécaniquement sur le troisième. Ils partirent aussi vite que la loi le permettait, les coureurs restant silencieux à leurs côtés. L'hôtel Burroughs était situé sur une éminence à l'ouest de la ville, tandis que la villa Inglefield se trouvait sur les pentes au nord. La route longeait sur une certaine distance les hautes falaises qui bordent le port, où les feux d'ancre des navires scintillaient et dansaient. Pennington distinguait le *Denver* à ses flancs blancs et à sa forme massive et intransigeante, révélée par les lumières électriques du gros paquebot noir à peine à un jet de pierre d'elle. Mais ses pensées n'étaient pas tournées vers le *Denver* ; il regardait la fumée qui s'échappait déjà des tuyaux du paquebot ; il était temps, à peine deux heures. Et peut-être alors : « Quelle absurdité ! s'écria-t-il à mi-voix. Il n'était pas possible que cette jeune fille, qui l'avait refusé avec tant de fermeté il y a seulement cinq mois, consentît même à une entreprise aussi folle que celle-ci, et encore moins en proposât une. Pourtant, M. Keegan semblait, comme d'habitude, sûr de lui et savoir ce qu'il faisait. Ce digne tête de colonne sifflait doucement un air plutôt douteux qu'il avait capté dans un théâtre de Bowery l'année précédente. L'équitation de M. Keegan n'était pas des meilleures ; Lorsque le pas s'accéléra au trot, il parvint cependant à continuer et se réconforta en pensant qu'il faisait trop sombre pour que les talonneurs Dago puissent le critiquer. Lorsqu'ils atteignirent la ville, ses rues étroites étaient presque désertes et les cavistes commençaient à fermer. M. Keegan retint son cheval et attendit que les autres arrivent.

"L'agent de billetterie doit être retenu, M. Morgan", a-t-il déclaré.

Morgan était assez sage pour voir la force de cela, et aussi qu'ils avaient de meilleures chances de succès si M. Keegan montait avec Pennington. Bien que ce fût une amère déception pour lui de ne pas prendre une part plus matérielle à la tentative que de « détenir » l'agent, il acquiesça immédiatement et s'enfuit avant que Pennington ait pu formuler des objections.

"Maintenant, monsieur", remarqua M. Keegan, "nous n'avons pas de temps à perdre pour gravir cette colline."

Ils claquèrent sur les pierres au mépris d'une loi municipale et furent bientôt en route vers l'ascension. À l'exception d'une lampe occasionnelle à l'entrée d'une villa, il faisait si sombre qu'ils distinguaient à peine les hauts murs de chaque côté. Une ou deux fois, Pennington avait presque décidé de repartir, mais M. Keegan avançait avec une telle diligence, comme s'il ne pouvait y avoir aucun doute possible sur l'issue, que Pennington continua à le poursuivre. Alors qu'ils passaient sous l'une des faibles lumières du mur, un traîneau passa, dans lequel Pennington embrassa, fumant avec une grande complaisance, deux membres du parti de la liberté *de Denver*.

"Vous avez bien géré cela, Keegan", a déclaré Pennington en s'arrêtant à côté de lui.

"Chimmy fait ça, monsieur", répondit modestement M. Keegan; "Il est là-haut pour les démarrer." Et puis il ajouta, avec une pointe de satisfaction : « À moins que le vieux n'ait des montagnes russes, il n'aura pas beaucoup de spectacle ce soir. »

Pennington n'était pas en mesure d'exprimer ses sentiments à ce sujet, mais il se surprit à espérer ardemment que M. Inglefield ne reçoive rien d'aussi fatal à ses chances de succès. Le maître d'armes faisait évidemment son devoir à fond, et chaque traîneau qui les dépassait tendait de plus en plus à le convaincre de la méthode employée dans la folie de M. Keegan. Pennington commença à penser qu'après tout, ses déclarations devaient avoir un certain fondement.

Ils poussèrent leurs chevaux, qui à ce moment-là étaient assez fatigués de la montée rapide, M. Keegan maudissant les « talonneurs », comme il les appelait, lorsqu'ils grognaient à cause de la vitesse, et dans l'instant d'après leur offrant un autre dollar chacun. Après ce qui parut une éternité à Pennington, ils arrivèrent en face d'un renfoncement du mur, où s'arrêta M. Keegan.

"C'est toi, Chimmy ?" » cria-t-il dans un murmure scénique.

Le maître d'armes émergea.

"Et les choses, Chimmy?" » s'est enquis M. Keegan. "Est-ce qu'ils sont tous à terre ?"

"Tout est à terre, mais ça là", répondit le maître d'armes en désignant par-dessus son épaule. Juste à ce moment, il se rendit compte qu'un traîneau caboteur n'en contenait que deux ; et la façon dont lui et M. Keegan allaient échapper aux griffes du beau-père élu en colère était un point auquel il n'avait pas réfléchi auparavant.

"Eh bien, je serai..., Dennis!" s'exclama-t-il d'un ton blasphématoire.

Mais M. Keegan, qui avait deviné ses pensées, s'est abstenu de toute censure. Il n'a pas tardé à faire de la nécessité une vertu.

« Ce n'est pas grave, Chimmy, » dit-il d'un ton consolateur ; "Si l'ancien perd du temps à essayer de nous pincer, il ne parviendra jamais à joindre M. Pennington là-bas."

Pennington frappa une allumette et regarda sa montre ; il était onze heures vingt-cinq.

« Il est temps que nous y soyons, Keegan », dit-il.

C'était pratiquement un aveu en faveur de M. Keegan, et M. Keegan le savait. Ayant eu une connaissance très approfondie du caractère de Pennington, il avait apprécié l'ampleur et la délicatesse de son entreprise, et avait traité ce gentleman à la perfection, comme nous l'avons vu. S'il ressentait maintenant une quelconque exultation, il ne la montra pas, car il conseilla seulement au maître d'armes, en guise de réponse, de rester près du traîneau et de ne pas faire confiance au Dago hors de sa vue.

Pennington et M. Keegan démarrèrent aussi silencieusement que possible, se tenant près du mur. L'obscurité était si intense qu'ils furent obligés de chercher la porte à tâtons, et leurs pas résonnèrent à Pennington comme des coups de feu dans le silence oppressant. Après une recherche prolongée, et au moment où ils étaient sur le point de retourner chez le maître d'armes pour obtenir des renseignements plus précis, Pennington fit une pause.

« Le voici, Keegan », murmura-t-il ; "Je peux sentir les charnières."

Ils essayèrent d'ouvrir le loquet, mais le portail était verrouillé. M. Keegan se pencha vers le trou de la serrure et poussa un léger sifflement ; mais il n'y eut aucune réponse. « Je m'en remets, M. Pennington, » dit-il ; "donnez-moi votre épaule, monsieur."

M. Keegan fut bientôt au sommet du mur, d'où il glissa facilement de l'autre côté, et Pennington pouvait l'entendre essayer la serrure.

« Je vais juste reconnaître un peu la cour, M. Pennington », appela-t-il par le trou de la serrure ; "restez là, monsieur."

Alors que Pennington attendait devant la porte et s'écoulait minute après minute, toutes ses inquiétudes revinrent. Il commença à se sentir comme un criminel et, pire encore, comme un imbécile. Il aurait pu savoir, se dit-il, que tout cela n'était qu'une imagination du maître d'armes, et il se demandait si un homme aussi pratique que M. Keegan avait été dupé par cela. C'était également une affaire de choix pour un officier de la marine américaine. Quelle délicieuse histoire cela ferait lorsqu'il serait connu dans le service ! Ce n'était pas qu'il n'aimait pas la jeune fille ; il réfléchit amèrement aux paroles de Morgan et sentit qu'elles n'étaient que trop vraies. Il se rappela combien son cœur s'était serré dans ses bottes lorsqu'il avait appris qu'ils devaient être renvoyés à Madère, et il décida alors de repartir, si ses ordres étaient là, par le premier bateau à vapeur. Et maintenant, grâce à l'intervention bien intentionnée mais malavisée de son vieil ami M. Keegan, aidé et encouragé par Morgan et le maître d'armes, il était plongé de nouveau dans les profondeurs de la misère et, de plus, il était probable qu'il soit retenu. envers ses collègues officiers comme un objet de ridicule.

Puis les choses qui s'étaient produites la dernière fois qu'il l'avait vue commencèrent à lui venir à l'esprit. Comme il se rappelait clairement ce qu'elle avait porté et ce qu'elle avait dit ! Elle ne l'épouserait jamais sans le consentement de son père, et elle doutait beaucoup que son père le lui donne. Elle se tenait à ce moment-là à côté d'un rosier ; il pouvait la voir maintenant – le buisson lui-même n'était que de l'autre côté de cette porte. Il était donc entré dans la maison pour trouver M. Inglefield et l'avait laissée dans le jardin pour s'occuper de lui. C'est au moment où ce point douloureux de ses souvenirs arrivait que Pennington crut entendre des pas de l'autre côté du mur. Il écoutait attentivement ; il semblait qu'il y avait une autre étape que celle de M. Keegan. Cela doit être son imagination, se dit-il. Puis il y eut le bruit d'une clé qui tournait dans la serrure, la porte s'ouvrit et quelqu'un sortit.

Ce n'était pas M. Keegan.

"Jack !" s'exclama la personne.

«Éléonore!» s'exclama Pennington.

M. Keegan ferma la porte et la referma discrètement, mettant la clé dans sa poche. Il resta un instant à les contempler silencieusement, car ils avaient apparemment oublié son existence, puis il posa la main sur le bras de Pennington.

« Mieux vaut assurer cela maintenant, M. Pennington, dit-il, et vous mettre en route. » Ici, M. Keegan a été contraint de se débarrasser d'une certaine quantité de tabac. « Gardez-en bien, M. Pennington, et que Dieu vous bénisse tous les deux, monsieur ! »

Pennington saisit la main de M. Keegan et la tordit.

« Eleanor, » dit-il simplement, « voici mon vieil ami, M. Keegan. Il me faudra beaucoup de temps pour vous dire combien nous lui devons.

« Peu importe, monsieur », répondit M. Keegan en ôtant sa casquette et en se frottant les yeux avec méfiance avec la manche de sa veste de rassemblement. « Et, mademoiselle, » continua-t-il, en guise de reconnaissance d'un discours très gracieux que Miss Inglefield lui avait prononcé, « vous avez le meilleur jeune officier de la marine. »

« Le meilleur, se répéta M. Keegan après leur départ ; "Elle a certainement un prix." Il s'assit contre le mur et commença à se sentir très malheureux, au point de devenir totalement insouciant quant à sa poursuite ou à sa capture. C'est ainsi que son ami le maître d'armes le trouva, ou plutôt tomba sur lui, une dizaine de minutes après.

"Encore quelque chose de l'ancien, Dennis?" » s'enquit-il.

M. Keegan se leva.

« Il peut s'y mettre maintenant, dit-il, et il s'y mettra peut-être demain. Nous allons juste attendre un moment, au cas où il serait mal à l'aise. Tu me boostes, Chimmy, jusqu'à ce que je voie s'il y a de la lumière dans la maison.

M. Keegan s'est accroché au mur et s'est immédiatement jeté à plat ventre.

"Il y en a deux qui arrivent par ici avec des lanternes, Chimmy," murmura-t-il, "et je pense que l'un d'eux est le plus ancien."

"C'était il y a combien de temps, Jennings?" » dit une voix que, bien que très agitée, le maître d'armes reconnut pour celle qu'il avait déjà entendue.

"Environ dix minutes, monsieur, cela aurait pu être."

"Pourquoi ne m'as-tu pas appelé avant, tout de suite ?"

"Salut, je pensais que c'était Perdita et ce marin qui venait la voir parfois, monsieur."

Puis vint une période occupée par des efforts hésitants sur la porte, pendant laquelle le maître d'armes devenait décidément nerveux.

« Grâce à vos… conjectures, Jennings, Miss Inglefield est partie avec un… »

Jennings n'était pas éclairé ; ses efforts sur la porte avaient été inlassables, et juste à ce moment critique, elle tomba lourdement vers l'extérieur. M.

Inglefield s'est précipité dehors, tenant la lanterne à la hauteur de son visage, et a regardé en bas de la colline ; mais le maître d'armes avait disparu dans l'obscurité.

« Montez au couvent aussi vite que vous le pouvez, Jennings, dit-il ; "Je t'attendrai ici."

Jennings partit en double temps pour gravir la colline, tandis que M. Inglefield marchait de haut en bas sans relâche. M. Keegan envisageait avec inquiétude la possibilité qu'il y ait un autre traîneau au couvent, que le maître d'armes avait négligé, lorsque Perdita arriva sur les lieux, essoufflée et le trouble inscrit sur chaque ligne de son visage.

"Ah, senhor," s'exclama-t-elle, "la senhorita !"

Le maître de la villa la saisit par les deux épaules.

"Tu le savais, Perdita," dit-il sévèrement.

« Non, monsieur, non ; Je vous assure que je n'en sais rien.

"Jennings me dit qu'il a vu votre ami avec Miss Eleanor."

« Je ne sais pas ce que vous voulez dire, monsieur, » nia Perdita avec enthousiasme ; puis, reprenant la maîtrise de sa langue maternelle, elle déversa un torrent de protestations. Cependant, ses efforts n'ont manifestement pas réussi à convaincre M. Inglefield. Apparemment, il entretenait la même méfiance à l'égard de sa race que M. Keegan, car il s'appuya avec lassitude contre le mur et lui fit signe de s'arrêter.

"Cela suffira, Perdita", dit-il, après quoi la dame trouva un soulagement en pleurant.

Le mur autour de la villa de M. Inglefield était si dur et inégal, et M. Keegan devenait si à l'étroit dans sa position, qu'il songeait à se laisser tomber à l'intérieur lorsqu'on entendit Jennings revenir. Il était accompagné de deux ou trois Portugais du couvent, mais, au grand soulagement de M. Keegan, il se trouvait sans traîneau. Lorsque M. Inglefield eut connaissance de la situation du Liberty Party, il dit beaucoup de choses que M. Keegan s'attendait à ce qu'il dise, mais il ajouta quelques remarques sur Pennington que M. Keegan n'avait pas prévues. Finalement, la dénonciation de ce gentleman devint si vigoureuse que M. Keegan ne put la supporter plus longtemps.

«C'est un scélérat sournois!» » déclara M. Inglefield.

Ici, M. Keegan glissa du mur et s'approcha du père furieux mais étonné d'une démarche quelque peu roulante mais facile. Il l'examina attentivement, par habitude peut-être, avant de l'aborder.

"M. Inglefield, commença-t-il comme s'il s'adressait à un tonneau d'eau, j'ai tenu compte de vos sentiments avant de venir devant vous, monsieur ; mais je ne vais pas rester les bras croisés et n'écouter rien de ce que vous vouliez dire à propos de M. Pennington.

LA FUITE.

M. Inglefield parvint à se reprendre suffisamment, pendant l'intervalle occupé par M. Keegan à transférer son tabac sur l'autre joue, pour s'écrier avec colère :

"Qui diable êtes-vous, monsieur, et que faites-vous sur mon mur ?"

« Je sais que cela arrive assez soudainement, » continua M. Keegan, sans prendre la peine de répondre à la question ; "Mais je veux dire tout de suite qu'il n'y a pas de plus beau jeune homme nulle part, et que cette affaire ici n'était pas de sa faute."

"Ce n'était pas sa faute!" » rugit M. Inglefield.

« Non, monsieur », dit froidement M. Keegan ; «C'est moi qui ai réglé le problème. C'est moi qui ai poussé votre fille à y consentir et qui ai amené M.

Pennington ici pour la chercher ; et si vous ne me bénissez pas pour cela, un jour, je serai sergent de marine.

"Toi!" répéta M. Inglefield avec une espèce de stupéfaction.

Il se trouve que le maître d'armes, qui était resté caché à quelque distance en bas de la colline, entendit le bruit et devint possédé par l'idée que son ami M. Keegan avait des ennuis. Il arriva sur les lieux à cet instant précis.

« Maintenant, M. Inglefield, » continua M. Keegan en jetant un coup d'œil aux visages autour de la lanterne, « ce n'est pas ici un endroit pour parler de questions privées ; mais si vous prenez la peine d'entrer avec nous, Chimmy et moi essaierons de vous en faire un rapport précis ici, monsieur.

« Entrez, bien sûr, si vous pouvez jeter un peu de lumière sur cette affaire de coquines », dit M. Inglefield en ramassant la lanterne et en ouvrant la voie à la maison. Les autres suivirent.

« Dennis, » dit le maître d'armes à M. Keegan en le tirant par la manche, « ça ne sert à rien que j'entre là-dedans ; tu sais comment gérer l'ancien. Je paierai à la Seeora le petit appel que j'ai manqué cet après-midi.

M. et Mme Pennington, ou le maître d'armes, d'ailleurs, n'ont jamais su exactement comment M. Keegan « avait géré l'ancien » pendant la demi-heure où il était enfermé avec lui. Bien entendu, M. Keegan ne le dirait jamais. Tout ce qu'on put lui faire dire, interrogé à ce sujet par le maître d'armes, c'était :

« Il est entré comme un lion et est ressorti comme un agneau, n'est-ce pas, Chimmy ?

Le maître d'armes a admis que oui.

"Eh bien, Chimmy", répondait-il en clignant solennellement ses petits yeux, "c'est tout ce qu'il y a à faire."

Dans le journal de service publié à New York, parut l'article suivant :

« Un mariage des plus intéressants et des plus originaux a eu lieu le jeudi 31 octobre à Funchal, Madère, à bord du paquebot *Southampton* de l'Union Line. L'enseigne John R. Pennington, USN, a épousé Mlle Eleanor Inglefield, fille de Robert Inglefield, Esq., de Ravenside, longtemps et éminemment liée au service diplomatique britannique. Les mariés sont immédiatement partis pour l'Angleterre. En raison du départ précipité de M. Pennington, le mariage fut une surprise même pour ses frères officiers du *Denver*. Le jeune couple est maintenant à Newport, où est stationné l'enseigne Pennington ; et il est entendu que le père de la mariée passera l'hiver avec eux.

Le bruit était vrai, car avant que le Denver ne quitte Funchal, la villa Inglefield était fermée et la senhora y régnait en maître ; et M. Inglefield était allé voir son nouveau gendre à Newport et faire sa première visite aux États-Unis.

Quant à M. Keegan, il possède désormais une grosse chaîne en or, attachée à une grande montre en or, dont il est très fier, et qu'il porte en toutes occasions. À l'extérieur du boîtier se trouve le monogramme « DK », très joliment gravé, et à l'intérieur une inscription mystérieuse, dont M. Keegan n'a jamais révélé la teneur, mais qui exprime la gratitude éternelle de deux personnes. .

Son ami le maître d'armes n'a pas non plus été oublié.

M. WINSTON CHURCHILL, comme M. WISTER et M. CRAWFORD , a des droits plus profonds que ne le donnent la résidence et le choix des sujets, au nom d'« auteur américain », puisque le sang de la Nouvelle-Angleterre remontant des deux côtés aux années 1600, le Sud sa naissance et une formation à l'Académie navale des États-Unis à Annapolis étaient réunies dans son équipement. Mais après seulement un bref service dans la marine, il démissionna de sa commission et suivit définitivement ses goûts littéraires. Il a travaillé pendant une courte période pour *le Army and Navy Journal* , période pendant laquelle sa première nouvelle, « M. Keegan's Elopement », a été publié dans *The Century Magazine* . M. CHURCHILL est devenu rédacteur en chef du *Cosmopolitan Magazine* , mais a quitté cette fonction pour être plus libre pour un travail original continu que pour les tâches de routine liées à un permis de magazine mensuel.

Son premier livre parut en 1897, « La Célébrité », écrit dans la veine de la comédie la plus vivante ; mais même alors, le premier de sa série de romans, qui couvrent des phases caractéristiques du développement social américain et qui, une fois terminé, présenteront un tableau de la vie nationale non seulement sans égal, mais qui n'a même jamais été tenté dans son ampleur et son intégralité, était bien en cours.

Certainement « la célébrité », bien que reconnue comme :

« une œuvre extrêmement intelligente qui est susceptible d'être populaire comme elle le mérite » (*Boston Transcript*), comme « une pièce de comédie inimitable d'un point de vue littéraire, comme elle n'est pas parue depuis des années ; le plaisir le plus pur et le plus vif » (*Chicago Inter-Ocean*), comme « un roman humoristique et sensationnel d'un genre plutôt inhabituel, résolument original et divertissant, l'une des meilleures pièces de construction parues depuis longtemps... un roman tout à fait intelligent et une sorte de livre hors du commun »(*Philadelphia Evening Telegraph*),

n'a pas conduit les critiques à prophétiser un deuxième roman tel que « Richard Carvel » DE M. CHURCHILL , QUI A ÉTÉ DÉCRIT COMME...

« rarement, voire jamais, surpassé par une romance américaine, en termes d'ampleur de la toile, de masse d'effet dramatique, de profondeur de sentiment et de rare salubrité d'esprit. » – *Chicago Tribune.*

« 'Richard Carvel' est l'une des œuvres d'imagination les plus brillantes de la décennie. Il respire l'esprit de la vraie romance d'une manière vraiment fascinante. » – *Philadelphia Press.*

« Le charme de ce livre, qui est très grand, réside dans la vivacité des images de la vie de Londres et des colonies en ces jours pittoresques où l'esprit de révolution se développait lentement mais sûrement. » – *Washington Times.*

Paru un an plus tard, le prochain grand roman DE M. CHURCHILL , « La crise », traitait aussi efficacement des questions et des scènes de la guerre civile que l'histoire précédente de la lutte entre les colonies et la mère patrie. Parmi les qualités qui l'ont rendu rarement précieux, M. HAMILTON MABIE a écrit : -

« 'La Crise' est sans doute le roman le plus soigneusement étudié et le plus convaincant qui ait jamais été écrit sur la guerre civile ; aucune autre histoire ne rapproche autant le lecteur de certaines des grandes figures de la lutte ; aucun autre ne présente à l'imagination avec autant de clarté les terribles expériences qui sont arrivées à ceux qui se tenaient au centre de la tempête. « The Crisis » est une note de bas de page de l'histoire américaine, ainsi qu'un roman émouvant et émouvant.

« En tant qu'étude des éléments simples et substantiels dont est en grande partie constitué la citoyenneté américaine, « La crise » suscite un intérêt profond et constant. Il devrait être lu par ceux qui étudient la vie américaine au-delà de la mer et qui sont soucieux « non de rire ni de pleurer, mais de comprendre » ; car il fait ressortir la fibre héroïque de la meilleure souche américaine, sa réactivité rapide au pouvoir éducatif des opportunités, son ingéniosité, sa dignité et sa force sans prétention. » – *The Times Saturday Review.*

« C'est une haute fonction que de donner à une nouvelle génération d'Américains leur première conception vivante de la lutte dans laquelle la nation est née de nouveau. » — *Review of Reviews*.